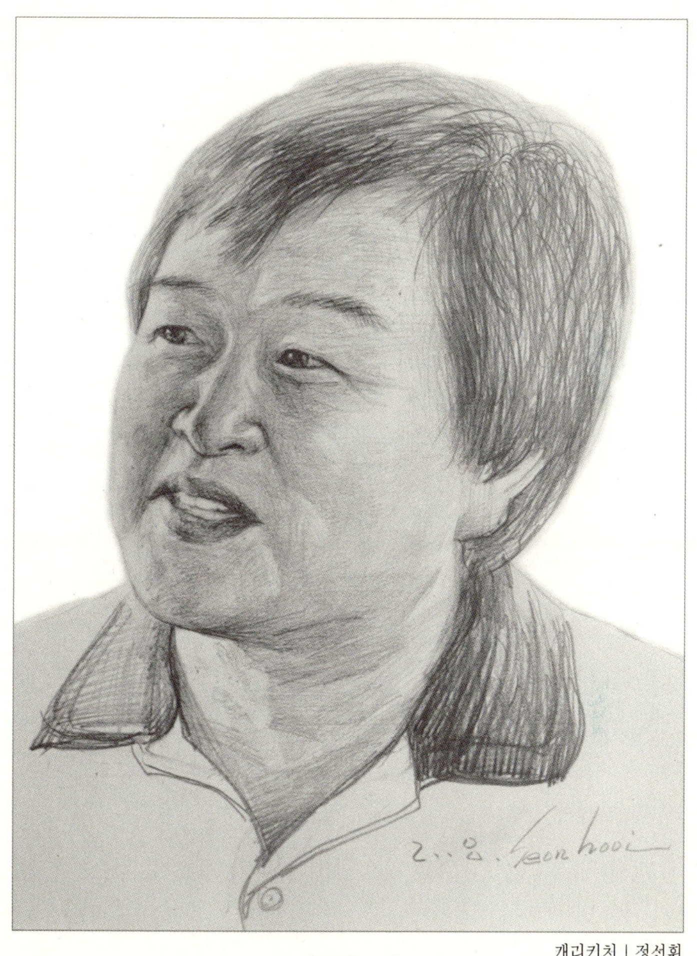

개리키치 | 정선휘

민 판 기

국립중앙도서관 출판시도서목록(CIP)

꿈길에서 만나리 : 민판기 시집 /
지은이: 민판기. -- 광주 : 시와사람, 2011
p. ; cm. -- (오늘의 시와사람 ; 064)

ISBN 978-89-5665-327-3 03810 : ₩10000

한국 현대시[韓國 現代詩]

811.7-KDC5
895.715-DDC21 CIP2011003240

꿈길에서 만나리

민 판 기 시집

시 와 사 람

시인의 말

분적산 아침 햇살이 눈부시다. 산속에서는 뻐꾸기가 애타게 짝을 부른다. 길가 작은 '둠벙' 잔잔한 수면 위로 작은 물고기들이 뛰어오르며 아침인사를 한다. 편백나무 숲을 올라 덕지덕지 달라붙은 세상의 찌꺼기들을 땀으로 벗겨낸 뒤 두 팔 벌려 맑은 공기를 마음껏 호흡한다. 정말 이렇게 마음이 편안하도 되는지 싶은 좋은 아침이다. 간밤에 어줍잖은 시를 다듬느라 꽤나 힘들었다. 지난 시간을 뒤돌아보며 비탄과 절망 속에서 허우적거리다 잠을 설쳤다.

아내가 하늘나라로 떠나 지난 10년 세월을 돌이켜 보면서 너무나 미안하고, 작아진 내 모습이 한없이 미웠다. 그가 겪은 고통, 어둠의 긴 터널을 빠져 나오면 밝은 빛이 비추려니 기대했다. 그런데 빛은 커녕 다시 무겁고 긴 어둠의 터널이 나를 지치게 했다.

그런 아픔들을 낙서하듯이 그적거린 졸작을 세상에 내놓는다는 것이 여간 두렵다. 그만 둘까 망설였다. 하지만 다시 용기를 냈다. 그냥 내 가슴에 묻어둔 아픔들을 그대로 드러내 보이자. 그리하여 수많은 질타와 매를 맞자. 또 애정 어린 격

려와 가르침을 받자.

고맙다. 이런 졸편들에 숨결을 불어넣어 주신 시와사람의 시인 강경호님과 그의 반려자 정찬애님 그리고 표제를 써주신 〈생명의숲〉 김경일님, 이 책의 그림을 그려주신 정선휘 화가님, 그리고 내 자식 경록이 계화, 지수, 경탁이, 며느리 희숙, 사위 김겸직, 박광현에게도 깊은 감사를 드린다.

특히 10년 전 외롭게 가슴앓이를 하면서도 천국에서도 남편을 위해 기도하겠다던 사랑하는 아내 조영심에게 이 글을 바친다.

2011년 8월 송화촌에서

민판기 배

목 차

1부 그리움의 강

2부 기다림

3부 당신이라 불러도

4부 색소폰 부는 남자

1부

그리움의 강

그리움의 강

지쳐 힘들 때마다
위로하던 당신, 다시 못올 길 떠나간 뒤
왜 그리 마음 아파 오는지
콩 꼬투리 만한 작은 일에도
머릴 맞대던 당신과 이별한 후
갈바람은 왜 온 몸을 파고드는지

당신을 떨쳐버리려 몸부림쳐 보지만
생각은 접을수록 더 다가와
가슴을 후빈다
사랑은 늘 이렇게 아파야 하는지
가슴에 담아두었던 지난 날들이
하나씩 튀어나와 나를 때린다.

천지간에 나 혼자 뿐인데
지쳐 쓰러지면 어쩌지
차라리 그래 버렸으면 좋겠다
다시 취한 강물은 당신에게 흘러가는데.

해는 지고

해 떨어지니
어둠이 찾아와
정신 나간 사람처럼
방문을 여니
싸늘한 냉기가
품을 파고든다

이별한 사람들의 가슴에 피멍이 들어
가슴앓이 했다는 말
참말이다

허기진 뱃속을 채우려
부엌을 더듬어
시래기국에 차디찬 밥 말아
아무도 없는 빈 방에서
숟가락질 하려니
눈물이 난다.

나쁜 사람

누워있다 가슴이 답답해지면
벌떡 일어나 앉아 보아도
머리가 돌 것 같다
새벽 4시 반
아직도 한밤중인데
잉크냄새가 남아있는 새벽 신문을
한 줄도 빼지 않고 읽었어도
무엇을 보았는지
기억이 없다
사랑을 하면 쓴맛 매운맛 참아야한다지만
깊이 잠들어 있을 당신을 생각하면
분노가 물 주전자 뚜껑 같이 들썩거린다
고약한 사람,
진정한 사랑은 용서라고 하는데
무슨 큰 잘못을 했다고
처절하게 무거운 멍에를
혼자서만 짊어지고 가야 했는지.

무서운 날

몇 날을
뜬 눈으로 지새워
혼미한 정신이
소금에 절인 김장배추 같이
축 늘어진 날

잊으려 눈 감으면
질긴 설움에
텅 빈 위장에 쐬주를 쏟아 부어도
줄담배를 빨아도
막혀버린 가슴이 터지지 않는
어둠이 무서운 날.

초가을 서창 들녘에서

한 가닥 그리움이 가슴에 남아
추억의 들판을 생각합니다
어깨동무를 하고 눅눅한 밤을 갈라
'동무생각'을 부르며
달빛 가려진 구름 사이로 나직하게
빛나던 청춘의 한 구비를 떠올립니다
언제이던가
벼 이삭 팬 들녘 한가운데서
신기루 같이 보이던 버들을 찾아
질퍽거리는 논둑을 걸었습니다
가만히 찾아 온 소중한 만남을 부러워하듯
졸졸 흐르던 개울물도 숨소리를 죽이며
우리들의 밀어를 엿듣고 싶어 했습니다
벼이삭에 맺힌 이슬방울처럼
순결한 당신을 보면 행여 햇빛이 훔쳐가 버릴 것 같은
불안한 마음이 일었습니다
나는 당신의 이슬을 먹으며 희망을 잉태하고
나는 당신의 산소를 가슴 깊이 호흡하고 싶습니다.

염원

가지마세요, 그리고 내 곁에 있어요
시간이 길고 짧음을 말하지 않겠어요
다만 당신의 영혼만이 깃들게 해 주세요
그리하여 영원히 머물게 해 주세요.

그리다 지쳐 쓰러진

그리움 너머 갸름하고 초췌한 당신이
가까이 다가왔다가 점점 멀어져 간다

두 손을 벌려 잡으려 해도 당신은 잡히지 않고,
그림자만 남는다
그러고는 아무 일 없었다는 듯이
무심한 시계소리만 허공을 가른다

보고픈 마음을 한 가닥씩 잘라내는
시계소리가 원망스럽다

새벽 세 시 반
언제 어둠이 걷히려나.

왜 아무 말이 없느냐고 묻기에

그냥이라고만 대답했습니다
왜 그렇게 힘이 없느냐고 묻기에
감기에 걸려서라고 말했습니다
물결 위에 쏟아지는 햇살이 아름답지 않느냐고 묻기에
남해바다에 갔다 다시 돌아오는 것이라고만 했습니다
산밭에 붉게 달려있는 감이 탐스럽지 않느냐고 묻기에
찬이슬 내리면 춥겠지요 대답했습니다.

이별 후에 · 1

날이 밝으면
어떻게 하루를 보낼까
형옥이 형이랑 산에나 갈까
산에 오르면 조금이나마 잊혀질까
자신이 없다
그렇다고
이대로 집에 들어가면
또
잠못들어 괴로울까 두려워
어디로 갈까 망설이다가
가로등 불빛만 바라보았다.

이별 후에 · 2

삼겹살 타는 소리가
내 살 타 들어가듯 아파온다
소주 한 병을 비우고
이 정도면 잠 들 수 있겠지
하지만 잠은 오지 않았다
거울을 들여다보니
얼굴이 시커멓다
몸은 소금에 배추 절인 듯 한데
정신은 말똥말똥하다
이대로 있다가는 가슴이 터질 것 같아
TV를 켜보지만
가슴이 답답하다.

꿈길에서 만나리 · 1

아직은 캄캄한 새벽
곁에 누운 당신을 찾았더니
싸늘한 공기만 지나간다
멍하니 천정 바라보며
'날씨도 추운데 어딜 갔지'
새 날이 밝도록 기다려도
보일러 돌아가는 소리만 들리리라

눈 덮힌 새벽길
행여 발자국 따라 가다가
문을 잘못 찾을까 봐
내 사진을 붙여 놓았지만
문 밖엔 가로등만 홀로 울고 있다

꿈길에나 만날까 이리저리 헤매이다가
먼 길 나서 보았지만
이 세상 어디에도 당신은 없다.

달빛여행. 2..9.

꿈길에서 만나리 · 2

꿈길에나 만날까
바람부는 언덕 너머
당신을 만나러 갔습니다

뒷밭 옆이었습니다
수만 송이 꽃이 피어있고
네온으로 테를 두른 아름다운 집에
화관을 쓴 당신을 보았습니다

너무나 반가워
눈물 흘리며 다가갔더니
다가 갈 수록 더 멀어져 갔습니다

“나요 나”
“그렇게도 보고 싶어하던 나요”
조용히 손 내밀자
눈길도 안 주고 멀어져 갔습니다.

참으로 이상한 일

당신의 목소리를 들으면
꼼짝하지 않던 위장이 활발하게 움직이고
닫혀 있던 심장도 신이나서 펌프질을 한다

참 이상한 일이다
당신이 보이지 않는 동아줄을 풀어주면
깨질 것 같던 머리가 시원해지고
휘청거리던 다리에 힘이 솟는다
당신이 내 손을 잡아주면
잿빛 하늘이 푸르게 보이고
낙엽 구르는 너릿재 오솔길도 생기가 넘친다

하지만
당신을 만나고 돌아오면
외톨이의 쓸쓸함에
방바닥에 주저앉아
소리없이 눈물만 흘린다.

겨울바다

책상 앞에 조용히 미소 짓고 있는 당신은,
언제나 나에겐 너무나 높은 산이었습니다.
아니, 저 하늘에 반짝이는 별이었습니다.
당신으로 잠 못 이루고 부스스한 얼굴로 새벽을 달려와,
텅 빈 사무실 한 모퉁이에서 그 날의 추억들을 불어모아 봅니다.
당신은 나에게 더는 다가설 수 없는 금을 그어 놓았고,
나는 석양이 내리는 모래밭에
새들이 놀다간 발자국만 지웠습니다.

당신을 안고서도
차가운 겨울바람이 마음과 마음을 갈라놓아
더는 다가설 수 없는 고통만이 길게 풀어헤친 슬픔 속으로,
깊게 빠져 들고 있는 것을
나 이제 살아 있음이 이처럼 가혹한 형벌이거늘
그대를 잃는다면
슬픔보다는
차라리 잔잔한 겨울바다이고 싶습니다.

나는 아직도 사랑할 수 있는데

떠나기 한달 전
기침을 하다 말고
내 손을 꼭 잡았지요

이 세상에서
마지막 포옹을 하며
뜨거운 입김을 뱉어내면서
내 사랑 받아들였지요

사랑을 끝내고
홍조 띤 얼굴로
빙그시 웃으며 하던 말
'나는 아직도 사랑할 수 있는데'

'그런데'
'왜'
'내가 죽어야 하지요'하며
눈물을 흘렸지요.

무서운 밤 · 1

매운탕으로 허기진 배를 채우고
잎새주 한 잔 걸치니
세상 부러울 것이 없다
얼큰하게 붉어 오는 얼굴 사이로
바람이 지나가면서 하는 말
"기분 참 좋겠네요"

이렇게 기분좋게 집에 돌아와
호기롭게 방문을 열면
싸늘한 적막이
온 몸에 파고든다
술이 확 깨어 당신을 쳐다보니
냉기 어린 당신 시선이
무섭게 내려다 본다
차마 당신을 쳐다보기가 겁난다.

무서운 밤 · 2

방안에 들어서면
읽다 둔 책들이 널려있고
반 년이 지나도록
호청 한 번 갈지 못한 이부자리에서는
매케한 냄새가 난다

화장대 앞에 수북히 앉은 먼지가
무심히 쌓여만 가고
며칠을 벗어 던져진
양말짝들만 어지러히 널려 있다

옷장 문을 열어보니
먹다 남은 신선초 봉지들이
입을 벌리고 서있다
그 옆에 작은 숟갈 하나
하늘 향해 누워있고
나 역시 그 옆으로 축 처진
몸을 누인다.

무소식

행여 당신 소식 올까봐
대문 옆에 붙은 우편함을 뒤진다

그러나
먼지 낀 우편함에는
남부경찰서 신호위반
남구청 주정차 위반
도암농협 빚 보증 독촉장 뿐

오늘도 당신은 소식이 없다.

2부

기다림

기억

절망 속에서 희망의 안부를 묻자
당신이 없어도 세상은 아무 일 없이 돌아가겠지만
우리가 사랑을 하고
아이를 낳고
살림을 꾸려가던,
기억은 사라지지 않을 것.

추운 날

한 번 떠나가면 다시는 돌아 올 수 없는 길
어찌 가셨나이까
가슴에 묻어 둔 그 긴 슬픔 어디다 두고
그렇게 가기 싫은 길 어떻게 떠나셨나요
찢어질 듯 아쟁 울어댈 때마다
가슴이 막혀 숨쉬기 조차 힘들어요

날은 어둡고 추워지는데
나는 옷을 껴입으면 이겨낼 수 있지만
차디찬 땅 속에 있는 당신은
그 추위를 어떻게 지내실지
눈내리는 아침, 당신 생각에
빛바랜 국화 한 송이 들고
당신 잠든 마을을 찾아갑니다.

봄을 본다.

일년 후

늦가을
마음 설레임으로
구비진 길을 따라 물염정에 갔습니다
하얀 새 한 마리 물위를 나는데
햇살이 부셔 눈을 감았습니다
당신의 때묻지 않은 순수가
내 마음에 들어왔습니다
그렇게 당신은
그렇게 나를 파괴하였습니다
어둡게 묻힌 길가
노랗게 핀 국화 한 송이 꺾어 주며
사춘기 순결같은 내 마음을 전하였습니다
바라보기만해도 당신의 눈 속에 녹아들어
마음은 마냥 설레기만 한데
또 다시 시간은 흘러가고 말았습니다.

기다림 · 1

노란 단풍잎만 가슴에 남겨둔 채
당신은 먼 길을 떠났지요
혼자 남은 그리움의 아픔을 아는지 모르는지
새벽 2시 반,
긴 전화번호가 찍힌 휴대폰이 울었습니다
행여 떨어뜨릴 떨어트려 전화가 끊길까봐
소중히 플립을 열었습니다
당신의 목소리를 듣는 순간
세상 모두를 얻었습니다
그러나 환희의 순간도 잠시 당신은 멀어져 갔습니다
어둠이 내리면 행여
다시 소식 올려나하는 기다림에
전화기만 만지작거렸습니다
해가 지고 밤이 깊어가도
기다리던 당신은 오지 않았습니다.

기다림 · 2

'사랑해'를 끝으로 올라바토로 여운은 끊겼다
'저에요' 순간 나는 꿈인가 눈을 부볐다
생각지도 않게 걸려온 그리운 목소리
그래 잊지 않고 눈치보며 전화했구나 생각하니
눈물나게 고맙다
전화기에서 당신이 멀어져 갈 때
내 마음은 다시 요동치고 있었다
019.651.1751
고맙다.

기다림 · 3

지수 등굣길에 방을 나서다 책상에 댕그라니 놓여 있는
휴대 전화기를 바라보았다
들고 나갈까 하다가 그냥 놓고 나왔다
울려 올 곳도 눌려야 할 곳도 없어서이다
이젠 가을 소식을 전할 곳도 없겠지
당신이 떠나간 10월 24일은 또 어떻게 보낼까
밖에서 울려 올 소리는 짜증나는 빚보증 독촉 뿐
기다렸던
'저에요'하는 정겨운 목소리는
이제
들을 수 없다.

이별 뒤

돈 못 벌어도 건강하면 된다던 당신은
말 못할 가슴앓이를 혼자 꾹꾹 쌓고 녹여내어
그리도 몹쓸 멍에를 짊어지셨나요
비가와도 내 걱정, 눈이 와도 내 걱정만 하던
당신은 이 세상에 없습니다
당신 없는 방안에서 식은 밥상을 들여다보니
다시 눈물이 납니다
'예끼 이 사람아 이런 무능한 나만 두고 가버리면 어찌하라고'
이별 뒤의 아픔이
이렇게 아플줄이야…….

빈 자리 · 1

아침에 눈을 뜨면 옆 자리는 비어 있습니다
빠져나간 흔적도 없이 냉기만 싸늘합니다
행여 밥하러 나갔나 부엌을 둘러보면
씽크대에 밥그릇만 수북히 쌓여 있습니다
음식물 쓰레기는 제 멋대로고
밥솥은 시커멓게 그을려 자빠져 있습니다.

빈 자리 · 2

골목길에 어둠이 내리면
저만치서 당신이 걸어옵니다
'누가 쓰레길 여기다 버렸지'
하나 둘 주워 모아 대문을 들어옵니다
전봇대 사이로 휑하고 바람이 볼 때
'빨리 집에 들어오셔요'
들려 오던 당신의 목소리가 못 견디게
가슴을 후려칩니다
'빨리 들어와 밥해 줘' 하고 응석부리면
잔잔한 미소 지으며
따라오지 말라며 멀어져 갑니다.

빈 자리 · 3

텃밭에
당신이 좋아하던 상추를 심었습니다.
잡초 뽑아주었더니
제법 먹음직스럽게 자랐습니다
풋고추에 된장 찍어 입 안이 터지도록 밀어넣어
고르지 못한 세상을 씹던 당신
입 안에서 녹아드는 풋풋한 그 맛을
어찌 잊고 지내는지요
어서 돌아오세요
당신과 함께 마당에 수북한 잡초를 메고 싶습니다
말라버린 화분에 물을 뿌리고 싶습니다.

빈 자리 · 4

멍하니 천장을 쳐다보다가 당신을 보았습니다
차디찬 땅 속에서 어찌 지내는지
날씨가 더 추워지면 어찌 지낼지
눈이라도 내리면 어떡하지
나는 추워져도 덮을 이불이라도 있는데
가엾은 당신
못난 당신
'지금 날 구박하지만 나 죽으면 그래도 생각날 걸'하던
당신이 미워요.

가난한 연인들

인적 드문 밤늦은 남광주 시장 골목에서
가난한 우리는
값이 얼마나 될까 걱정하며
생태탕을 시켰네

얼큰한 국물에 겨운 설움 녹였는데
계산서를 들여다보니
딱 주머니에 든 돈이네

가난한 우리는
5천 원 짜리
생태탕 한 냄비에 마냥 행복했네.

새벽여행.
김선희

미안해 · 1

곁에만 있어도 마음 설렌다던 당신
동구 밖에서 빨래를 하다가도
부엌에서 불을 지피다가도
사거리 버스 소리를 기다리던 당신
시어머니의 갖은 구박에도 시동생의 거친 말투에도
오로지 나 하나만 생각하며
사랑을 가슴에 묻어둔 채 기다린 3년 세월
그렇게 기다리다 지쳐 커다란 눈망울엔
눈물이 가득 고여 기나긴 겨울 밤을 혼자 나면서
우리의 만남을 꼽아보던 당신
14만원짜리 사글세 방을 얻어놓고
광주가서 살자하니
미운 정 고운 정 함께 한 시부모님 안잊혀
돌아보며 떠나온 고향

미안해요
말없이 작두질 하여 번 돈으로
시아버님 오시면 부리나케 식육점 달려가
소고기 내장 사다가 복질복질 끓여 드리니

철없던 큰자식 보살피고
평생 소원이던 떡두꺼비같은 손주까지 낳아주니
너무나 고맙다며
시아버님 눈가에 항시 웃음이 떠나지 않게 해주던 당신.

미안해 · 2

27년 같이 살아오면서도
따뜻한 말 대신 퉁명스런 구박도
운주사 돌부처도 돌아눕는다는
바람기에도 혼자 가슴 태우며 잘도 견뎌 내더니
자식 하나 출가 시키지 못하고
먼 길 가시다니요
나쁜 놈 나쁜 놈이라고,
지리산 갈 때 데려가 줘 할 때도
그토록 당신이 좋아하던 아구찜 제대로 사주지 못했는데
이 나쁜 놈 보기 싫어 떠나셨나요
환자인 줄도 모르고 제 멋대로 행동하며
마음 제대로 써주지 못했는데
나 두고 가시다니
어디 마땅히 갈 곳 몰라 서성이는데
초승달은 비수같이 무섭게 날 쏘아 봅니다.

미안해 · 3

여보 미안해서 어떡하지
좋은 세상 등지고
어떻게 눈을 감았지
빚더미에 쌓여 힘들고 어려울 때
가슴 녹아내려도
원망하지 않고
묵묵히 누룽지 끓여주던 당신
그런
당신이 떠난
빈 자리엔
훈훈한 체취가
남아 있어
사랑이 죄가 되었습니다.

가엾은 당신

당신이 없는 방은 온기가 없습니다
가난해도 곁에만 있으면 행복해하며
기뻐했던 이 방은 너무도 쓸쓸합니다
당신은 나란히 손 잡고 교회 가는
가정을 꿈꾸었다지요.
그런 꿈을 충족시켜 주지 못해 죄송합니다
내 곁에 영원히 있을 줄 알았는데
나보다 더 살아 자식들 잘 되는 모습을 볼 줄 알았는데,
이 세상에서 가장 나쁜 놈을 사랑한 당신
이 세상에서 가장 교활한 놈을 사랑한 당신이 가엾습니다.

비가 내린다

내 상처를 파고 드는 비가 내린다
아무 일 없던 것처럼
정해진 시간이 되면
우리는 각자 가야 할 곳으로 가야만 한다
풀섶에 고인 빗방울을
바짓가랑이로 털며
체온이 멀어져 감을 안타까워하며
갈잎 베어버린 둑길에
비가 내린다
아침에 눈 뜨면 좋은 사람 만날 수 있다던
당신의 메시지를 되뇌이는데
풍암제 갔다가 돌아오는 길
내 마음 적시는 비가 내린다.

풍암제

눈이 내린다
수면이 얼음바닥 같이 보여
거울처럼 펼쳐진 저수지를
걸어간다
저수지 건너 편 불빛 사이로
월드컵 경기장이 보이고
살가운 마음을 실어
속 좁은 틈새를 비집고
그가 하얀 백합처럼 다가오고 있다

눈이 내린다
비탈진 돌바닥에 서서
엇갈린 만남에 긴 한숨을 내쉬며
무욕의 빙판에서
저수지에 내리는 눈송이를 세며
가는 시간을 안타까워 했다

이제
다시 서로 갈 곳으로 가야만 한다는 아쉬움 속에
이슬 방울 같은 맑은 미소로
재잘거리는 그녀를 바라보면
낮 시간 기다려 왔던 시름이 멀어져 간다
함께하는 시간마다 한 매듭 한 매듭
가슴에 저리도록 맺힌 것을
하염없이 내리는 눈송이도 풀어내지 못한다

눈이 내린다
풍암제 위에, 내 아픈 가슴에
눈이 내린다.

겨울비 그친 뒤

어젯밤 당신은 쓸쓸해 보였습니다
때로는 굵은 방울로 가슴을 때리다
이내 작은 실 되어 촉촉이 적셔 옵니다
밤새워 잠든 내 창가에서
하염없이 눈물을 흘리더니
희뿌연 안개로 멀어져 갔습니다
초췌한 얼굴로 내게 와서는
흔적만 남겨놓고 가 버렸습니다.

3부

당신이라 불러도

당신이라 불러도

당신이라 불러도
호적상 당신이 될 수 없음에
님이라고 써봐도
같이 할 수 없는 안타까움에
긴 밤을 눈물로 보낸다
가슴에는 잔서리 하얗게 쌓이고
사랑이라는 이름 앞에
아픔만 쌓여 간다

당신의 등뒤에 기대어 보아도
싸늘한 바람만이 얼굴을 후비치고
얼굴을 들여다 보려해도
눈이 아파 쳐다 볼 수가 없다

화방산 갔다가 돌아오는 길에
'이제 당신을 보지 않아도 살 수 있어요'
툭 내던진 말 뒤에
가슴은 무너져 내리고

백미러로 훔쳐 본 당신의 얼굴은
얼음처럼 굳어 있다

그래도 당신이라고 부르고 싶은 내 마음은
그래도 님이라고 새기고 싶은 당신은
저만치 달아나고 있다.

물소리 바람소리.

내 사랑의 시작

살을 꼬집어 보니 아픕니다
아직 살아 있음에
진심으로 감사합니다

지난 추억들이
시간이 지날 수록 잠을 이루지 못하고
괴로움이 되살아 나는 날이 많지만
우리가 어찌어찌 만나 사랑을 하고
아이들 신발 치수 느는 것에 행복해하고
때로는 티격티격 말다툼도 하면서
한 곳을 바라보며 길을 가며
생의 아름다움을 함께 했던 기억들을
시로 노래하려 합니다
그것은
당신을 향한 내 사랑의 시작이기 때문입니다.

천태산에서

이제 가면 올동말동하다며 청새알 같은
맑은 물에 얼굴을 씻어대던 그 생각이 가슴에 못박혀
돌아오는 발걸음이 무거웠습니다
수많은 만남과 이별속에서
유독 이 곳에서의 이별은 사뭇
다른 의미로 깊게 느껴지는 것은 왜일까요?
내가 이 세상을 살고 있는 것은
지금 내가 이 곳의 정취에 흠뻑 빠져 헤매이는 것은
당신이 함께 하기 때문입니다
이제는 감추어진 옷자락 사이로
아무도 말 할 수 없는 아픔으로
당신을 남겨 놓아야 합니다
그리고 조용히 환영을 그려봅니다.

아내의 절규

나 이대로 가는 겁니까
당신 사랑한 것은 기쁨이었어요
겉으론 표현하지 못했지만
이 세상에서 당신 한 사람만을 의지하고 사랑했어요
사랑하는 사람을 두고 떠나려 하니 가슴이 아파요
그리고 큰 아들 경록이 미워하지 마세요
똑같은 자식인데 미워하지 마세요
하늘 나라에 가서도 당신을 위해 기도할께요
당신이 올바른 길을 가도록 말이에요
경탁이 관리 잘하세요
자꾸만 막내 녀석이 눈에 밟히네요
나 없이도 잘 살아 가겠지만 아직은 어려서 엄마가 보살피지 못해 실족할까 두렵네요
아무튼 나 대신 잘 보살펴 세상에서 버림 받지 않는 훌륭한 아들로 키우세요
시골에 계신 엄마는 무얼하고 계실까
지금도 논에서 일하고 계실까 며느리 앞 세우고 일만할까

제발 도움이 되는 엄마였으면 좋겠어요
당신 정말 사랑해요
이대로 눈을 감으려 하니 너무나 아쉽네요
앞으로는 저에게 그렇게 대하지 마세요
진솔하게 당신만을 사랑했는데 이게 뭐예요
하나님 절 정말로 데려 가시렵니까
너무나 아쉬워요 이대로 떠나가기에는
그러나 순종할께요 하나님 나라에서 영생할께요
당신 정말 사랑했어요
안녕히 계세요
힘들고 어려울 땐 항시 하나님 의지하고 기도하세요.

녹향

어제는 당신의 온기가 아직 식지 않은
장승처럼 서있는 작업실을 보았습니다
길모퉁이 서서
불꺼진 당신의 창을 바라만 보았습니다
짙게 깔린 어둠 사이로
빙긋이 웃으며 고갤 내미는 당신을 보았습니다
보이다가는 흩어지고 흩어졌다가 다시 보이는
당신의 환영을 보았습니다
바람이 지날 때마다
당신이 끓여 준 녹향이 코끝을 스치며
블루노트 이 거리에 잔잔히 퍼져갔습니다.

당신 생각 · 1

당신을 땅에 묻고 돌아서는 내 발길은 너무 무거웠습니다 가만히 고갤 돌려 무덤을 바라보기가 두려웠습니다.

미안하오 그토록 살려고 발버둥치며 회진 나온 의사를 바라보던 그 처절한 눈망울을 잊을 수가 없어 난 피울음을 삼키었습니다.

그냥 아무 말 없이 돌아서는 날 보고 목구멍까지 나오려는 당신이 내게 하고 싶은 말 나는 알고 있습니다

'살려주세요'

가쁜 숨을 몰아 쉬면서도 오히려 날 걱정해주던 당신은 분명 천사였습니다

싸늘한 땅속에서 날 부르는 당신의 목소리가 들리는 듯 합니다

깜깜한 그곳에서 얼마나 답답하시겠습니까 행여 날씨가 추워지면 어쩌지

아니야 이제 봄이 오는데 그럴 리야 있겠어

당신의 무덤가에 좋아하던 하얀 백합 두 다발을 놓고 왔습니다 미안하오

내가 이렇게 아무것도 할 수 없다는 무력감에 눈물만 흘려야만 하지요.

당신 생각 · 2

가슴 속에 숨겨둔 추억의 작은 조각들이 자꾸만 식도를 타고 올라와 쉴새 없는 눈물만 하염없이 흘리고 말았습니다

텅 빈 방구석

혼자라는 생각이 더욱 나를 슬프게 하는군요 나만 남겨두고 떠난 당신이 미워요

어쩌라고 나 혼자 어쩌라고

더 이상 그 곳에 있을 수 없어 뛰쳐나오고 말았습니다

미친 듯이 거리를 달려 아무도 없는 까페에서 조관우의 '미안해요'를 듣고 있습니다

미안하오 살아있을 때 좀 더 잘 할 걸 하며 후회해 봅니다 그러나 이제 무슨 소용있나요 당신은 내 곁을 떠가고 없는데 어찌해야 내 죄를 당신으로부터 용서받을 수 있는지 가르쳐 주세요

'사람이 그런 것이 아니에요'하던 당신의 그 말이 내 양심의 귀퉁이를 때리는 것은 또 무엇인가요

미안하오 미안하오 미안하오

싸늘히 식어버린

찻잔에서 당신이 방긋 웃고 있네요

그리고는 다시 사라져 버리고

그러다 다시 보이고.

당신 있음에 · 1

당신 있음에
잃어버린 노래를 불렀고
당신 있음에
비 내리는 옥녀봉이 춤을 추었고
당신 있음에
풍암제 잔 물결 사이로
길게 뻗어난 불빛이 아름다웠네.

당신 있음에 · 2

사랑한다는 것은 사랑받느니보다 행복했다는
유치환의 상처를 알았고
사랑을 찾아 망망한 바닷속을 유영하던
등푸른 고등어 공지영의 속 마음을 알았소.

자동차 경적마저 뜸한 길 모퉁이
앙증스런 작은 나무계단을 올라
소해(少海) 몸내음이 배어 있는 탁자보 위
소담스런 찻잔 속에 작은 바다가 떠 있다

행여
조금이라도 움직거리면 잔잔한 물결일어
바다가 흩어질까봐
탁자 위의 손길을 몹시도 더듬 거렸다.

출구

숨막힐 것 같은
삶에 눌려 질식할 것 같은
보이지 않는 컴컴한 긴 터널에
길게 드리워진 빛줄기 하나

그 사람의 모습이다.

잠 못 이루는 밤에

술을 마신다
파인애플 제제주를 술잔도 없이 마신다

설탕에 고추장 버무려
깨가 하나씩 붙어있는
질긴 북어포를 씹는다

그리고 또 병뚜껑을 열어
주둥일 벌려 벌떡 마신다
식도 지나 위장에 분노를 삼킨다

오징어 쫙쫙
미움을 찢는다
거짓을 찢는다
화난 내 자신을 찢는다.

생일

먹장구름 가슴을 누르고
가슴은 납작해져 간장을 짓누르고
짓눌린 창자는 배설도 못한 채
부글부글 끓고 있다

천둥소리는 고막이 찢어질 듯 머리통을 갈겨버려
썩어 문들어진 허약한 육신은
비틀거리다 쓰러져 버렸다

신이 파놓은 깊은 웅덩이가
칠흑처럼 어둡고 깊어
그 곳에서 허우적 거리다가
시간들은 비웃는 듯 지나가 버렸다

귀 빠진 날이라고
누구의 축복도 기대하지도 않았지만
살아 온 지난 세월 치울음만 토해냈다
비겁하게 시류에 흔들리며 살아온 시간들
어허라 허풍이나 한번 떨어 볼 것을.

아침을 달리다 — . 2011.

그날 이후 · 1

사루비아 꽃잎마저 숨죽인 남평역에서
이슬방울 해맑은 미소로 내 안에 들어와
파락거리는 몸짓도 없이 깊게 젖어들어
새하얀 조각달만 남겨두고 말없이 돌아서 왔지

막혔던 봇물이 터져
내 맘 깊숙이 숨겨진 외로움의 덩어리들이
너의 순수에 갈래갈래 찢기워져
가슴은 시리고 아파와
잔영을 떨쳐 버리려 몸부림쳐 보았지

당신이 떠난 시월이 저물어 가는 마지막 밤에
생맥주 한 잔 앞에 놓고
유속같은 시간의 흐름을 안타까워하며
먼 길 떠나는 당신에게
허공중에 맴도는 말만 씨부리고 말았지

이제
다시 혼자라는 생각에
가로등도 꺼진 삭막한 골목 모퉁이에서
담배연기 속에 사라져가는 환영을 잡으려 애타는
못난이였지
아직은 덜 익은 낙엽이 힘없이 보도에 떨어지며
외로움에 고개를 숙인 채 발길을 돌려야 했지.

그날 이후 · 2

–갈꽃 스러지던 날 만난 너는

동복호 가장자리 물은 푸르고
백로는 흰빛 설움으로 날아간다
물염정 댕그런 추녀 끝으로
갈바람은 스쳐 지나가는데
말없이 낙엽을 끌어모아 태운다
푸른 소나무 사이사이로
샛노랗게 자신을 색칠하며
계절이 주는 변화에 순응하면서
애타도록 기다려 온 단풍나무처럼
벌겋게 불태워온 세월.

상처

왜 이렇게 가슴이 아파올까
소리가 있으면 들려줘 봐
색깔이 있다면 보여줘 봐
다시는 마음에 생채기를 남기지 말아야 한다고 생각하면서도
자꾸만 마음을 할퀴고 있는지
당신 누구야.

은하수처럼 멀기만한 당신

-중국 항주 서호에서 보낸 편지

눈은 말랑말랑하다
흰 백색 가운을 벗어 던지고 소파에 앉아
서시의 옷자락을 만지작 거린다
서호십경에 평호추월을 뇌까리며
그대 음성을 들으려 허우적 거리다
이불을 걷어차고 수화기를 든다.

사랑해서 차마 부를 수 없었던 이름
그래 백운동 어딘가에 사는
고요한 가슴 하나 붙잡고 이어질듯 말듯한
인연의 끈이 떨어질까 두려워했었다

이제
한밤이 지나면 짐을 꾸려 돌아와야 한다
다시 만난다는 기쁨 보다는 두려운 맘이 드는 것 왠까?
차마 어쩌지 못하는 마음 억누르지 못해
내가 했던 약속이 무너질까 두려워서이다

그대
차분한 눈빛은 표정도 없이
애써 모든걸 감추려 하지만
나는 알지, 그대 마음을
행복과 불행을 원천으로 날 그렇게 바라보고 있지만.

너 때문에

너 때문에
담배 피우고 술 마시고
창자를 비틀어 짜는 듯한
색소폰 소리를 들어도
풀어지지 않은 이야기 하나 있네

너 때문에
차를 마셔도
눈 내리는 밤길을 걸어도
채워지지 않는 빈 자리 하나 있네

너 때문에
시를 써도 노래를 불러도
피아노 건반을 미친 듯 두드려도
애타는 마음 전할 길 없는 아쉬움 하나 있네

너 때문에
겨울산에 올라도 겨울바닷가를 거닐어도

삭풍 몰아치는 들녘에 서 있어도
아무에게도 말 못할 애틋한 사연 하나
가슴에 묻어둔 게 있네

너 때문에
내 마음에 마지막 남은 불씨 하나
태워버리며
작은 재 한 줌으로 남으려 해도
꺼지지 않은 불씨 하나 있네.

눈이 내린다

눈이 내린다
월출산 산허리에 계곡 사이로
이 해가 얼마 남지 않았다고
허허로운 내 마음 같은
바람이 눈 위로 울며 빠져 나간다

요한스트라우스의 왈츠가 잔잔히 퍼지고
물소리는 화음인데
풀죽은 때까치 한 마리
푸드득
아무 일 없는 듯 날개짓 한다

당신!
청초한 이 산길을 오르며
나직하게 이름을 부르면
'집 이에요' 수줍게 대답할
아니 금방이라도 달려나올 것 같은 당신이
내 눈앞에서 아픔으로 터진다

눈이 내린다
월출의 바람재에
당신과 나를 잇는 뜨거운 인연의 줄 위에
당신과 나를 잇는 숙명의 장난 위에
하염없이 내린다
바람재 툭 트인 시선 위에도 내린다

당신!
지금 월출산을 오르며
열어 풀어헤친 빈 마음으로
'글이나 좀 써' 하며 그 시간을 셈하라 했던
내 안타까운 마음들을 가슴에 새겼나요
조급한 마음에 함께 올걸 되뇌인
아쉬움을 아시나요
'빨리 내려가야지' 다리에 힘을 실어
하산하는 내 마음을 아시나요

눈이 내린다
나뭇가지 사이에도 내 마음에도 당신 마음에도

눈이 내린다

가고 나면 그만인 것을
세월 가면 변해 가는 것을
애써 부정하려 해도
눈은 내린다

그리고
눈이 그치고 아무 일 없었던 것처럼
차는 달린다
내 마음도 달린다
어서 빨리 당신의 예쁜 입술 위에
이 상큼한 바람을 싸들고 가서
조용히 쏟아버리고 싶어
차는 달린다
내 마음도 달린다.

그 날이 오면

진달래 꽃 피우고 아지랑이 일렁이는
그날이 오면
아름다운 사랑 이야기 나누며
흙에서 살래

망상과 허영을 떨쳐 버리고
맑은 시냇물에 발 담그며 살래

개나리 진달래 아지랑이의 봄과
먹장구름 소나기 여름과
산새 우는 들국화 옆에서
굴뚝에 모락거리는 연기와
긴 겨울밤 도란 거리며 살래

애틋한 고향에서
사랑하는 사람과 함께
그냥 그렇게 살래.

가을에 만났다

이 넓은 세상에
많고 많은 사람들 중에
여러 번 스쳐 지나간 계절에
하필이면
오색 단풍 곱게 물들고
길가의 들국화 향기 코끝을 간질이는
그런 가을에 만났다

서로를 죽을 만큼 사랑하고
하루라도 보지 않으면
만날 때까지 애태우다가
기어이 만나고 말았다

그런데 당신은 그 아름다운 가을에 떠나고
나 홀로 남아
살아있음을 원망한다.

바보 같은

냄비 같은 분노에
자기가 선택한 사람인지를 모른 채
승진 시켜준다면 상사와 동침하고
잘 보이려고 동료를 헐뜯고
조직비리를 폭로하는 우리들의 자화상,
'수상해' 하고 말하는
당신의 메시지는 차라리 순진하다
'내 맘도 모르고'
'얼마나 기다리며 힘들게 사는데'
가치도 없고 규칙도 없는 이 미친 세상에
전사의 시대인 것도 모르고
전화기만 쳐다보는 바보
오직 한 마음으로 한 사람만을 사랑하는
바보 바보 바보.

재회

마음이 설레인다
얼만큼 변해 있을까
그리고 무슨 말부터 먼저 할까

찢겨진 가슴속에
비겁하게 살려고 매달렸던
현실을 어찌하지 못하고
움츠려 살아 온 시간들

다행히 비라도 내리면
긴 세월 묻어둔 아픔들을
지긋이 눈감고
밤을 맞을 수 있을텐데

고개 들어 하늘을 쳐다보니
태양이 왜 이리도 빛나지
고개 돌려 주위를 돌아보면
나뭇잎엔 새 순이 돋고
새들은 앞 다투어 노래한다.

여행. 2009.

4부

색소폰 부는 남자

색소폰 부는 남자

앞 가슴을 풀어 헤치고
가파른 生의 언덕 허벅지게 넘다
숨이 차오르면 다시 쉬어간다
창자가 끊어질 듯 배 안에 가득 찬 한을,
탐욕의 찌꺼기를 쏟아낸다

여편네들은
남편 승진하는 날 가장 기뻤고
자식 일류 대학 합격하던 날
세상 사는 보람이 있었다고 하는데
이 남자는 살아온 날의 회한과
누군가를 사랑한 죄를
참회하는 마음으로 색소폰을 분다

이 남자는 직급이 오르든지 신분이 상승하든지
돈을 많이 벌든지 상관하지 않는다
상처가 기쁨이 되도록
슬픔이 노래가 되도록
가슴이 터지도록 색소폰만 분다.

늙어지면

고향집에 돌아가
예쁜 집 지어놓고
그 시절을 그리는 사람들과
모닥불 피워놓고 통기타 반주에 노래 부르고
막걸리 한 잔에 추억을 불러
밤새 취하여 이슬과 함께 자고 싶다.

어느 봄날에

봄볕 따사로운 수평선 멀리
허허로운 맘을 싣고
멀리 떠나고 싶다

바람이 가자는 대로 마음을 맡겨
닫힌 가슴을 열고
텅 빈 충만을 즐기고 싶다
진실과 거짓 사이를 넘나들며
그림자 밟고 밟으며 살아온 세상
그만 쉬고 싶다

사랑하는 사람을 잃고
무엇 하나 의지할 곳 없는
아무도 사랑할 수 없는
지지리도 못난 나를
시퍼런 바닷물에 던져
다시는 떠오르지 않게 하고 싶다.

중춘 · 1

미치도록 푸른 하늘이여
청춘의 군상들이여
유채꽃, 배꽃, 복숭아꽃
새들의 합창에 나비는 춤추고
그 사이로
뜨겁게 일어서는
연둣빛 대지.

중춘 · 2

살구꽃에 취하고
아지랑이와 함께
샛노란 개나리에 취해
두둥실 하늘을 날고 싶다

어제 내린 비는
찌든 겨울을 떠나보내는데
시냇물은 수다를 떨며
흘러가고

수줍은 속살 내보이며
살포시 미소 짓는
수양버들 잘록한 허리 사이로
바람이 지나가는
내 마음 들판에 나가 돌아오지 않는 날.

마지막 잎새

덩그라니 나뭇가지에서
마지막 몸부림을 해대던
마른 이파리 하나
힘없이 뱅그르 떨어진다

허황 속을 달리며
교만하게 으시대던 지난 여름날
세상이 제 것인 양 춤을 추더니
가을 찬 서리에 힘없이 무너져 버린다

떨어지지 않으려
그리도 몸부림 치더니
울며울며 그냥 지나온 시간들을
아쉬워 해 보지만

젊은 날의 교만 떨치지 못하고
내 탓이 아니라고 몸부림친다.

겨울 밤

깊어가는 겨울밤
함박눈이 내리는데
그 위에 슬픈 노래가
바보처럼 밀려와
추억의 서곡이 되어
별과 함께 흘러간다

희뿌연 가로등 아래로
그리운 얼굴들이 지나가고
하얀 눈발 속에
초췌한 나의 몰골을 본다
벌겋게 달아오른 내 얼굴 위에
철썩 내려 앉다가
온기에 놀라 달아나려 하지만
한 발짝도 옮기지 못하고
내 안에 녹아버린다.

혼자 우는 밤

모두 잠든 밤

깨어있는 한 사람

지상 어딘가에서

누군가 울먹이고 있듯

그도 혼자 울고 있다.

블루노트

연분홍 꽃잎 날리면
이 거리를 거닌다

희망이라고는
손톱 만큼도 없는 내가
이 황량한 거리를
블루노트라 이름 붙여 놓고

담벼락이 길게 늘어선
언덕배기를 오르며
이 곳에 해묵은 은행나무 한 그루 있었음 좋겠다
구부러진 살구나무 하나 있었음 참 좋겠다

봄비 내리던 날
돈 냄새 나지 않는 이 거리를 거닐면
내 마음에 5촉짜리 불이 켜진다.

싸락눈 맞으며

싸락눈 내리는 너릿재
눈앞에 전조등 켜고 끝없이 달리는 자동차 행렬
우산을 받쳐들고 걷는 산 길
낙엽 밟는 소리만 정적을 깨는 화요일 오후
아무도 찾는 이 없는 산정에서
싸락눈 마주한 나는 꿈같이 행복했다.

떠나리라

골방 한 구석에 댕그라니 내 던저져
가랑이 사이로 얼굴을 묻고 앉아
하염없이 내 뿜은 담배연기,
나 이제 내일이면
비행기를 타야 한다

만 리 길 나서는 날
아직은 몇 송이 꽃을 피울 수 있는 햇살이 남았다고
하이얀 철쭉 앞에서 밤을 노래했던
아름다운 시간들과 함께
서로 찾아낼 수 없는 그리움의 불꽃이 남아
옴 몸에 그 얼굴 번지고
조급한 마음이 일어
시간이 지나는 걸 안타까워 한다

지친 눈을 감으면 어지럽게 돌아가는
추억의 영사기가 입가에 미소로 번져가고
짧은 시간 서로 떨어져 있어야 한다
안타까움에 나는 다시 전화 수화기를 들고 말았다.

산정동 채송화

무던히도 긴 여름 뙤약볕을
질기고 질기게 참고 넘어
가녀린 꽃잎을 피워
소슬바람이 지날 때마다
손을 들어 반기며 살랑거린다

긴 세월 참아왔던 설움의 응어리들이
새록새록 묻어나고
이제는 혼자가 아닌 꿈틀거리는 그 무엇이 있어
다시 찾은 산정동은 생기가 넘쳐 흐른다

동네 너머 저수기에는 잔잔한 물결이 일고
그날의 묻어두었던 설움들이
서서히
고개 내민다

항시 낮은 자세로
겸손하게 세상 살라고
누가 보지 않는 곳에서도 삼가라는

누가 보아주지 않아도 겸손하라는
노랑 분홍 때묻지 않은 순백의 눈동자로
산정동 채송화 그렇게
후미진 사랑 사이에
수줍은 미소로 나를 반긴다

철새

왜 또 왔느냐

철따라 기웃거리는
철새들 배때기에
심지 깊게 박아
하나도 남김없이 태워
다시는 날지 못하게 해야 해.

요즘 아낙들

은행잎도 물들어 가는데
그냥 이렇게 순탄하게만 살았으면 좋겠다는
어느 아낙의 말이 귓전을 때린다
다시 태어나면 또 다시 살겠느냐면
두 손을 흔들며 아니라고 말한다.
사랑이 있어 사는 게 아니라 의무로 산다고
그래도 사랑이 전혀 없이 어떻게 사느냐고 물었더니
그냥 사는거라고 한다.

법성포

머 언
뱃고동 소리
붉은 태양이 물위에 떠오르는
진눈깨비 날리는 날

소란소란
긴
겨울밤 얘기 꽃 피는
어느 작은
포구.

목욕탕에서

서너 살 아이가 걸어온다
풋고추 흔들며 걸어온다
발그레한 볼에 미소 머금고 걸어온다

서너 살 아이는 좁은 공간으로부터의 자유
거추장스럽게 입혀졌던 옷으로부터의 자유
엄마의 잔소리로부터의 해방되어
까만 눈동자로 걸어온다

그러나 이 풋풋한
서너 살 아이는
세월 가면 때가 끼어
세상 욕심부리다 돈에 환장하다
몸부림치다
죽어갈 것이다.

고귀한 선물

세상 기웃거리다
마음 잡아 매어둘 곳 없어

덩그러니 식탁에 앉아
설레는 마음으로
당신에게 받은 아피스 펜을 들고
쓰라린 추억을 적는다.

염주마을의 아침

멧새

하얀 눈위를 간다
아무도 가지 않는 새 길을 간다
밤새껏 울어대던 멧새 하나
목메여 총총거리는
파란 동공에서
힘겨운 날개짓 한다

눈발 그친 새벽녘
새뽀얀 몸을 내밀고
방금 태어난 별들 사이로
슬픈 노래만 남기고 떠나간다.

| 해설 |

너무너무 사랑하는 당신

강 경 호
(시인, 문학평론가)

민판기 시인의 시집 『꿈길에서 만나리』는 아내가 세상을 떠난 뒤의 심정을 시집으로 엮어 아내에게 자신의 사랑을 전하는 간절한 헌사이다. 이 시집은 특별한 기교나 꾸밈이 없는데 오히려 이러한 무기교가 진솔하고 감동적으로 다가온다. 그것은 가장 절실한 감정으로 떠난 사람을 그리워하고 아파했기 때문이다.

민판기 시인은 정식으로 문단에 데뷔한 적이 없다. 뿐만 아니라 제대로 시를 배운 적도 없다. 그런데 그에게 시를 쓰게 한 힘은 아내에 대한 그리움 때문이다. 주지하다시피 그리움이란 서로 만나지 못하고 떨어져 있기 때문에 생긴 감정이다. 그러므로 사랑하는 사람과 떨어져있다가도 만나게 되면 그리움이 해소된다. 그러나 죽음으로 이별을 한 경우는 영원히 그 그리움을 풀 수 없게 된다. 이 시집은 생과 사의 갈림길을 건

너온 이승의 남편이 저승의 아내에게 보내는 고백의 편지라고 할 수 있다.

민판기 시인의 시집 『꿈길에서 만나리』의 화자는 시인 자신이다. 자신의 체험을 시로 썼기 때문이다. 일반적으로 시인이 자신의 체험을 시로 썼어도 화자와 시인이 별개인 경우가 대부분인데 이번 시집의 경우는 아내에게 고백하는 형식으로 시를 썼기 때문에 화자와 시인이 정확히 일치한다. 그러므로 이번 시집의 내용은 모두 시인 자신의 내밀한 정서로 보아도 무방하다.

아내에 대한 그리움 때문에 사랑하는 사람이 생각날 때마다 낙서처럼 적은 글이기에 세련되지 않고 대단한 작품성을 갖지 못하지만 민판기 시인에게 글의 형식은 큰 의미가 없다. 오직 자신의 감정을 하염없이 풀어내서 가슴 속에 맺힌 매듭을 하나씩 해소시키는 간절한 의식일 뿐이다.

『꿈길에서 만나리』는 4부로 구성되어 있지만 1부에서 3부까지는 모두가 아내에게 바치는 고해성사 같은 진실한 고백이다. 이 시집의 가장 큰 정조는 단연 '그리움'이다. 즉 보고 싶은 마음을 토로하고 있다. 그런 그의 가슴은 상처에 소금 뿌려놓은 듯 아프다. 그리고 지난날에 대한 회한과 아내에게 잘해주지 못한 것에 대한 죄의식이 함께 버무려져 있는 것이 이번 시집의 특징이다.

지쳐 힘들 때마다

지쳐 힘들 때마다
위로하던 당신, 다시 못올 길 떠나간 뒤
왜 그리 마음 아파 오는지
콩 꼬투리 만한 작은 일에도
머릴 맞대던 당신과 이별한 후
갈바람은 왜 온 몸을 파고드는지

당신을 떨쳐버리려 몸부림쳐 보지만
생각은 접을수록 더 다가와
가슴을 후빈다
사랑은 늘 이렇게 아파야 하는지
가슴에 담아두었던 지난 날들이
하나씩 튀어나와 나를 때린다.

천지간에 나 혼자 뿐인데
지쳐 쓰러지면 어쩌지
차라리 그래 버렸으면 좋겠다
다시 취한 강물은 당신에게 흘러가는데.

－「그리움의 강」 전문

시인은 10여 년 전 쯤 아내를 잃은 것 같다. 짐작하건데 어떤 몹쓸 병에 앓다가 세상을 떠난 듯싶다. 사랑하는 사람을 잃었으니 참으로 가슴이 아팠을 것이다. 생전에 아내는 시인이 힘들 때마다 위로했던 모양이다. 그리고 "콩꼬투리만한 작은 일에도/ 머릴 맞"댄 자상하고 이해심이 넓은 사람이다. 이처럼 금슬 좋은 부부가 이승에서는 영영 만날 수 없는 이별을 하였으니 그 비통함과 더불어 몸서리치는 그리움은 말할 수 없는 아픔이었을 것이다. 시인은 때로 아내에 대한 생각을 "떨쳐버리려 몸부림쳐 보"았지만 "생각은 접을수록 더 다가와/ 가슴을 후빈다" 아내가 떠나갔지만 사랑하기에 시인은 사랑 할수록 가슴이 아파야 하는지 괴로워한다. 특히 아내와의 추억을 되새길 때마다 가슴이 아프다. 아내에게 잘해준 것은 그것대로 다시 돌아갈 수 없기에 가슴이 아프고 잘해주지 못한 것은 또 그것대로 가슴을 저미게 한다. 인생의 도반이었던 아내를 떠나보내고 혼자서 살아가야 하는 시인은 "천지간에 나 혼자인데/ 지쳐 쓰러지면 어쩌지"하면서 아내의 부재를 안타까워한다. 그러면서도 한편으로는 아내 없는 생에 대해 절망하며 "차라리 그래버렸으면 좋겠다"고 이승에 혼자 남은 생이 의미 없다고 절규한다. 혼자 술을 마시며 취하지 않으면 견딜 수 없는 시인은 아내를 생각하며 그리움을 주체하지 못한다. 이렇듯 아내를 잃은 시인의 삶은 행복하지 않다. 때로는 자포자기하며 자신을 아무렇게나 내던져버린다. 특히 시인에게 견딜 수 없는 시간은 일에 팔렸다가 일과가 끝나 집으로 돌아왔을 때인 것 같다.

해 떨어지니
어둠이 찾아와
정신 나간 사람처럼

방문을 여니
싸늘한 냉기가
품을 파고든다

이별한 사람들의 가슴에 피멍이 들어
가슴앓이 했다는 말
참말이다

허기진 뱃속을 채우려
부엌을 더듬어
시래기국에 차디찬 밥 말아
아무도 없는 빈 방에서
숟가락질 하려니
눈물이 난다.

– 「해는 지고」 전문

해가 지면 새들도 둥지로 돌아오듯이 시인도 "어둠이 찾아와/정신 나간 사람처럼/집으로 왔다" 아내가 없는 집의 "방문을 여니/ 싸늘한 냉기가/ 품으로 파고"든다. 그리고 죽지 않기 위해 또다시 "허기진 뱃속을 채우려/ 부엌을 더듬어/ 시래깃국에 차디찬 밥 말아" 혼자서 "숟가락질 하려니/ 눈물이 난다."

저녁 무렵 집으로 돌아와 아무도 없는 빈 방에서 찬밥을 먹는 시인의 모습이 환하게 들여다보인다. 이럴 때 시인의 심정은 참담하고 쓸쓸하고 시인의 고백처럼 눈물 나는 일일 것이다. 언젠가 누군가가 "이별한 사람들의 가슴에 피멍이 들어/ 가슴앓이 했다는 말"이 뼈아프게 느껴진다. 이전에는 떠나간 사람에 대한 그리움 때문에 가슴에 피멍이 들었다는 말이 막연하게 들렸지만 이제 시인이 겪어보니 그 말에 너무나 공감하며 그 말이 "참말"이라는 생각이 든다.

민판기 시인의 생체험을 시로 형상화시킨 『꿈길에서 만나리』에서 독자들은 시인의 절망을 읽어낼 것이다. 서정시가 '불화를 화해로', '절망을 희망'에로 변주하는 문학 장르이지만, 그러나 『꿈길에서 만나리』는 이러한 서정시의 본령을 뛰어넘어 시를 읽는 내내 시인의 정서에 동화 되서 같이 울고 자신의 상처인 양 같이 아파할 것이다. 동일성을 추구하는 서정시는 화자(시인)와 하나가 되어 같은 지점을 바라보며 정서적으로 감정이입을 하게 한다. 그런 측면에서 이해할 때 민판기 시인의 절망의 정서가 사전적인 의미의 '절망'을 위미하지 않고 '안타까움' '상처의 아픔' '죄의식' 등 아내에 대한 '그리움'을 의미한다는 것을 알게 될 것이다. 이러한 절망의 정서는 "지쳐 쓰러지면 어쩌지/ 차라리 그래버렸으면 좋겠다"(「그리움의 강」)와 "여보 지금 나는 갈 곳이 없습니다"(「그날이후·1」), "신이 파놓은 깊은 웅덩이가/ 칠흑처럼 어둡고 길어/ 그곳에서 허우적거리다가/ 시간들은 비웃듯 지나가 버렸다."(「생일」) "지지리도 못난 나를/ 시퍼런 바닷물에 던져/ 다시는 떠오르지 않게 하고 싶다"(「어느 봄날에」)

등 시인의 고백에서 만날 수 있다. 다시 말하지만 이러한 시적 표현은 아내에 대한 '그리움'과 '사랑'을 나타내는 화법이기도 하다.

살을 꼬집어 보니 아픕니다
아직 살아 있음에
진심으로 감사합니다

지난 추억들이
시간이 지날 수록 잠을 이루지 못하고
괴로움이 되살아 나는 날이 많지만
우리가 어찌어찌 만나 사랑을 하고
아이들 신발 치수 느는 것에 행복해하고
때로는 티격티격 말다툼도 하면서
한 곳을 바라보며 길을 가며
생의 아름다움을 함께 했던 기억들을
시로 노래하려 합니다
그것은
당신을 향한 내 사랑의 시작이기 때문입니다.

– 「내 사랑의 시작」 전문

시인이 절망을 절규했든 그리움을 노래했든 지간에 그가 아내를 향해 끊임없이 토해내는 언어들은 궁극적으로 그리움의 정서가 깃든 사랑의 표현이다. 시인은 수많은 절망의 언어로 자신의 감정을 노래했지만 궁극적으로는 아내를 향해 사랑을 고백하고 있다. 곁에 있을 때는 "사랑한다"고 단 한 번도 말해주지 못했지만 아내가 떠나간 뒤 속울음을 울며, 아니 혼자 있는 빈방에서 대성통곡하듯 어린아이처럼 펑펑 눈물을 흘리며 울면서 못 다한 말 "사랑한다"고 끊임없이 고백하고 있는 것이다. 그러므로 시인은 아직 살아있어 아내를 추억할 수 있음에 "진심으로 감사"한다. "지난 추억들"을 생각하면 "시간이 지날수록 잠을 이루지 못하고/ 괴로움이 되살아나는 날이 많지만" "아이들 신발 치수 느는 것에 행복해하고/ 때로는 티격티격 말다툼도" 하면서 "생의 아름다움을 함께했던 기억들을/ 시로 노래하"겠다고 한다. 그래야만 "당신이 나와 함께 살아가는 일이어서/ 당신을 향한 내 사랑의 시작"이라고 고백한다.

시인의 언어가 절망을 통해 역설적으로 사랑을 노래함을 짐작할 수 있는 시편이다.

다음 작품에서도 시인은 아내와의 함께했던 시간을 슬픔과 절망만으로 인식하지 않는다.

절망 속에서 희망의 안부를 묻자
당신이 없어도 세상은 아무 일 없이 돌아가겠지만
우리가 사랑을 하고
아이를 낳고
살림을 꾸려가던,
기억은 사라지지 않을 것.

– 「기억」 전문

아주 짧은 작품이지만 슬픔을 긍정적인 에너지로 승화시키고 있다. "절망 속에서도 늘 희망의 안부를 묻자"는 시인의 진술은 오래 슬픔에 빠져 있는 자신의 모습을 아내가 바라지 않을 것이라는 생각과 자신을 추스려 다시 긍정적인 사고로 열심히 살겠다는 의지를 가진 데에서 연유한다. 그래서 "당신이 없어도 세상은 아무 일 없는 듯 하겠지만/ 우리가 사랑을 하고/아이를 낳고/ 살림을 꾸려가던/ 기억은 사라지지 않을 것"이라는 인식에 이른다. 아내는 먼저 떠나갔지만, 그러나 같이 살았던 시간들이 무의미한 것이 아니라 아름답고 가치 있었음을 증거하기 위해서는 남편인 시인이 그것들을 기억함으로서 그 존재를 확인하고자 한다. 사랑하는 남편과 그 가족이 먼 훗날 세상을 떠나면 그들이 이 세상에 살았음을 아무도 모를 수도 있겠지만 그러나 시인이 아직 살아 있으므로 그들의 사랑, 특히 아내가 시인의 가슴 속에 살아있는 까닭이다. 아내와의 삶을 애틋하게 기억하고 싶은 시인의 작은 소망이 담겨있는 시편이다.

시인이 아내를 사랑하는 방식은 원망과 자책을 통해서도 형상화되기도 한다. 언어가 정직하게 사전적 의미로 사용될 때 그 의미가 제대로 전달되지만 때로는 역설과 반어를 통해서도 의미가 전달되기도 한다. 이는 전달하고자하는 의미를 강조하고자 할 때 사용하는 수사이다.

혼자라는 생각이 더욱 나를 슬프게 하는군요 나만 남겨

두고 떠난 당신이 미워요
어쩌라고 나 혼자 어쩌라고
더 이상 그 곳에 있을 수 없어 뛰쳐나오고 말았습니다
미친 듯이 거리를 달려 아무도 없는 까페에서 조관우의 '미안해요'를 듣고 있습니다
미안하오 살아있을 때 좀 더 잘 할 걸 하며 후회해 봅니다 그러나 이제 무슨 소용있나요 당신은 내 곁을 떠가고 없는데 어찌해야 내 죄를 당신으로부터 용서받을 수 있는지 가르쳐 주세요

–「당신 생각 · 2」 중에서

시적 문장이라기보다는 산문에 가까운 위의 작품은 시인의 말에 의하면 아내가 그리워 견디기 어려운 날은 낙서하듯 끼적거렸다고 한다. 그럼에도 불구하고 아내에 대한 원망과 자책을 통해 자신의 사랑을 행간 속에 잘 투사시켰다.

아내를 혼자 산에 두고 내려 온 날의 심정이 가슴을 친다 아내가 먼저 먼 길을 떠나고자 한 것도 아닌데 "나만 남겨두고 떠난 당신이 미워요"라고 시인은 원망한다. 그러면서 혼자 남은 것이 안타깝고 두려워 "나 혼자 어쩌라고" 절규한다. 혼이 나간 사람처럼 "미친 듯이 거리를 달려 아무도 없는 카페에서" '미안해요'라는 노래를 들으며 원망하는 마음보다도 "살아있을 때 좀 더 잘 할 걸 하며 후회"를 한다. 시인이 작품 속에서는 직접 고백하지 않았지만 '미안해요'라는 언어 속에는 아내를 살려내지 못한 것과 혼자 살아있음에 대해 죄책감

이 내포되어 있다. 그러므로 시인은 '미안해요'라는 대중가요에서 마치 자신의 심정을 말하는 것처럼 공감하는 것이다. 그러므로 시인은 이 작품 곳곳에서 '미안해요'를 여러 차례 반복하는 것이다.

'세월이 약'이라는 말처럼 사람들은 망각의 존재여서 슬픔과 상처의 정서를 천천히 극복한다. 그러나 민판기 시인은 10여년의 오랜 세월 속에서도 쉽게 헤어나지 못한다. 심지어는 꿈속에서조차 잊지 못해 아내를 만난다. 그러나 시인과 아내 사이에 이승과 저승의 강물이 가로놓여 있음을 인식한다.

꿈길에나 만날까
바람부는 언덕 너머
당신을 만나러 갔습니다

뒷밭 옆이었습니다
수만 송이 꽃이 피어있고
네온으로 테를 두른 아름다운 집에
화관을 쓴 당신을 보았습니다

너무나 반가워
눈물 흘리며 다가갔더니
다가 갈 수록 더 멀어져 갔습니다

"나요 나"

"그렇게도 보고 싶어하던 나요"
조용히 손 내밀자
눈길도 안 주고 멀어져 갔습니다.

– 「꿈길에서 만나리·2」 전문

제목이 암시하듯 '꿈길에서' 시인은 아내가 있는 곳을 "물어물어 찾아"간다. 특히 "간밤에 바람이 불어" 아내가 염려되었기 때문이다. 물어물어 찾아간 곳은 다름 아닌 뒷밭 옆이었지만 이승과 저승의 거리이기 때문에 그리고 꿈길이기 때문에 쉽게 갈 수 없는 길이다. 그곳은 "수만 송이 꽃이 피어 있고/ 네온으로 테를 두른 아름다운 집"이었다. 그곳에서 아내는 "화관을" 쓰고 있었다. 세상을 떠나 먼 곳에서도 아내가 아름다운 집에서 아름답게 꾸미고 있을 것이라는 시인의 소망이 꿈에 반영된 것으로 짐작된다. 시인은 아내를 만나 "무척 반가워/ 눈물 흘리며 다가갔"다. 그러나 이승과 저승의 거리는 아득한 것이어서 "다가갈수록 멀어져 갔"다. 시인은 멀어져가는 아내를 좇아갔을 것이다. 그러면서 "나요 나/ 그렇게 보고 싶어 하던 나요" 하면서 "조용히 손 내밀"지만 "눈길도 안 주고 멀어져" 가고 만다. 아내를 그리워하는 시인의 심정이 작품 속에 아프게 묘사되어 있다. 그러나 아내와 시인과의 거리가 너무도 멀어, 아니 죽은 자와 산자와의 경계가 분명한 시인이 살고 있는 이승에서는 만남이 이루어질 수 없음을 시인은 이 작품을 통해 안타깝게 그려내고 있다.

「꿈길에서 만나리·2」이 꿈속에서의 일이라면 「무소식」은

현실에서 아내의 부재를 확인하는 계기가 되고 또한 현실에서 아내와의 조우가 이루어질 수 없음을 인식시켜준다.

행여 당신 소식 올까봐
대문 옆에 붙은 우편함을 뒤진다

그러나
먼지 낀 우편함에는
남부경찰서 신호위반
남구청 주정차 위반
도암농협 빚 보증 독촉장 뿐

오늘도 당신은 소식이 없다.
-「무소식」 전문

아내의 부재를 뻔히 알면서도 시인은 "행여 무슨 소식이 올까봐/ 드나들 때마다/ 대문 옆에 붙은 우편함을 뒤진다." 그러나 이 세상을 떠난 사람에게서 무슨 소식이 올 리 없다. 우편함에서는 시인의 생활과 삶의 이력들만 확인할 수 있을 뿐이다. "남부경찰서 신호위반/ 남구청 주정차 위반/ 도암농협 빚 보증 독촉장 뿐// 오늘도 당신은 소식이 없다."

이 짧은 시에는 혼자 남은 시인의 삶이 잘 드러나 있다. 신호위반, 주정차위반, 빚보증 잘못 선 것에서 짐작할 수 있듯 아내의 부재로 일상생활이 많이 흐트러지고 맘씨 좋게 함부로 보증을 선 시인의 순진함이 엿보인다. 어쨌든 기다리는 소식은 오지 않고 오지 말아야 할 소식들만이 우편함에서 발견한 시인의 심정은 참담하고 허망했을 것이다. 아내의 부재를 알면서도 문득문득 그것을 잊어버리고 허깨비처럼 살아가는 시인의 모습이 안타깝게 엿보인다.

이번 시집 『꿈길에서 만나리』는 서두에 밝힌 것처럼 세상을 떠난 아내에 대한 그리움과 회한, 원망, 자책, 그리고 상처난 가슴을 안고 살아가는 민판기 시인의 정서가 오롯이 수놓아져 있다. 때로는 절망하며 아내를 원망하고 자신을 자책한다.

그러나 이 모든 정서의 이면에는 아내를 지극히도 사랑하는 시인의 감정이 녹아있다. 처음 써보는 시이지만 서정시의 특질인 서정이 독자들에게 잘 전달되고 있어 민판기 시인의 시적 자질을 기대할 수 있을 것으로 생각된다.

민판기 시인에게 시는 27년 동안 쌓은 아내와의 추억이 시인의 생을 견인하는 힘이 되었을 것이다. 그러나 이제 감정을 여과시키고 보다 정제된 언어로 그 기억을 시로 승화시킬 때 그의 시는 그의 삶을 풍요롭고 값지게 살찌우는 에너지가 될 것이다.

민판기 시집

꿈길에서 만나리

2011년 8월 15일 인쇄
2011년 8월 30일 발행

지은이 | 민 판 기
펴낸이 | 강 경 호
인쇄 · 기획 | (주)시와사람
등 록 | 1994년 6월 10일 제 05-01-0155호
주 소 | 광주시 동구 금동 8-1번지
전 화 | (062)224-5319
팩 스 | (062)225-5319
E-mail | jcapoet@hanmail.net

ISBN 978-89-5665-327-3 03810

값 10,000원

공급처 ■ 한국출판협동조합
경기도 파주시 탄현면 오금리 202번지
주문전화 (02)716-5616, 070-7119-1740